글 박지은

이화여자대학교에서 과학교육을 공부하고, 어린이 과학잡지 〈과학쟁이〉에서 기자로 활동했으며 편집장을 지냈습니다. 지금은 '아는 만큼 과학이 보인다.'라는 믿음으로 어린이 과학책을 기획하고 쓰는 일을 하고 있습니다. 지은 책으로 《과학왕 실종 사건》, 《이게 다 이동이라고?》, 《어디에나 있어, 물질 이야기》, 《초대하지 않은 손님, 질병》, 《고마워, 척척 컴퓨터》 등이 있습니다.

그림 신성희

국민대학교 디자인대학원에서 일러스트레이션을 전공했습니다. 디자인 회사에서 캐릭터 디자이너로 일했고, 지금은 그림책 작가로 활동하고 있습니다. 지은 책으로 《괴물이 나타났다!》, 《안녕하세요!》, 《뛰뛰빵빵》, 《딩동거미》가 있고, 그린 책으로 《미운 동고비 하아비》가 있습니다.

감수 윤성효

부산대학교 사범대학에서 과학교육(지구과학), 부산대학교 대학원과 일본 큐슈대학에서 화산학을 공부하고, 부산대학교 사범대학 지구과학교육과 교수로 재직 중이며 지진, 화산 등 지구환경 변화를 가르치고 있습니다. 부산대학교 사범대학장, 한국암석학회장, 한국화산방재학회장을 역임하였고 현재 제주화산연구소장을 맡고 있으며, 대한민국을 대표하는 화산학자로 백두산 화산에 대해 연구하고 있습니다. 《자연재해와 방제》, 《백두산 대폭발의 날》, 《지질학 용어의 뿌리》 등 여러 책을 지었고, 백여 편의 논문을 발표했습니다.

초판 2쇄 발행 2019년 2월 20일

글 박지은　그림 신성희　감수 윤성효　기획·편집 가수북
펴낸이 김도연　펴낸곳 키위북스　편집장 김태연　마케팅 김동호　꾸민곳 디자인 su:
주소 경기도 고양시 일산동구 호수로 672, 1524호
전화 031-976-8235　팩스 0505-976-8234
전자우편 kiwibooks7@gmail.com
출판등록 2010년 2월 8일 제 396-2010-000016호
ⓒ 박지은·신성희 2018
ISBN　979-11-85173-43-6　77400

· 책값은 뒤표지에 있습니다.
· 이 책은 저작권법에 따라 보호받는 저작물이므로 무단 전재와 무단 복제를 금지하며,
  이 책 내용의 전부 또는 일부를 이용하려면 반드시 저작권자와 키위북스의 서면 허락을 받아야 합니다.
· 잘못된 책은 바꾸어 드립니다.

이 도서의 국립중앙도서관 출판예정도서목록(CIP)은 서지정보유통지원시스템 홈페이지(http://seoji.nl.go.kr)와 국가자료공동목록시스템(http://www.nl.go.kr/kolisnet)에서 이용하실 수 있습니다. (CIP제어번호 : CIP2018006343)

글 박지은 | 그림 신성희 | 감수 윤성효

드디어 지진연구소에 도착했어요! 땅속에 틀어박혀 지진 연구에 몰두하느라 그동안 모습을 드러내지 않던 지진 박사님을 만나는 순간입니다. 며칠 전 일어난 지진의 피해가 컸던 탓에 싸 기자의 인터뷰 요청에 곧바로 응해 주셨지요.

어서 와요. 이런 인터뷰는 어색하지만…… 물어보나마나 지진 때문에 왔겠죠? 지진(地震)은 땅을 나타내는 지(地), 흔들린다는 뜻의 진(震), 글자 그대로 땅이 흔들리는 걸 말해요. 지구 내부에는 어떤 움직임이 있는데, 이것 때문에 지구 겉면을 뒤덮고 있는 땅이 어긋나거나 끊어지거든요. 그러면서 생기는 거대한 진동, 땅을 마구 흔드는 떨림이 바로 지진이지요. 자자, 실험실로 가서 자세히 얘기하죠.

다짜고짜 실험실

자, 스티로폼을 양손으로 잡고 가운데가 부러지도록 서서히 힘을 줍니다. 그러면 휘어지다가 어느 순간 부러지죠. 이 순간, 손에 전달되는 떨림을 느껴 보세요. 지진은 바로 스티로폼이 부러질 때 발생하는 이 떨림과 같은 것입니다.

천천히 힘을 줍니다~

네, 맞아요. 자, 이 실험 모형을 보세요. 지진이 날 때 땅에 어떤 일들이 벌어지는지 먼저 살펴봅시다.

진원 : 지진을 일으키는 힘이 생겨난 땅속 지점.

진앙 : 진원에서 위로 곧장 뻗은 지표면의 지점. 진원에서 가장 가깝기 때문에 피해가 가장 커요.

지진파 : 지진의 에너지가 물결처럼 퍼져서 전달되는 움직임.

단층 : 지진으로 인해 땅이 끊어지거나 어긋나 있는 지층.

으아~~ 여기 실험실 맞죠? 그런데 이런 진동, 그러니까 지구 속의 어떤 움직임 때문에 지진이 생긴다고요?

단층

지진파

진앙

진원

지진파

지진을 일으키는 지구 속의 어떤 움직임! 궁금하지 않나요? 엄청나게 뜨거운 이곳은 바로바로 지구 내부랍니다. 우리가 곧 진입할 지점, 탐험선 밖 온도는 무려 3000℃나 되지요. 하지만 걱정 마세요. 이 특급탐험선 군고구마호는 끄떡없으니까요. 자, 지진을 일으키는 움직임을 추적해 볼까요?

여기가 어디죠? 너무 뜨거워서 군고구마가 될 것 같아요!

지구의 속을 직접 볼 수 있을까?

실제로 지구 속 핵이나 맨틀을 눈으로 직접 볼 수는 없어요. 땅을 파 내려가는 것도 어렵지만, 온도가 너무 높아서 사람은 물론이고 어떤 탐험선도 들어갈 수 없기 때문이에요. 그렇다면 아무도 들어가지 않았는데 맨틀이나 핵이 있다는 건 어떻게 알아냈을까요?

과학자들은 지진파를 이용했어요. 지진파는 지진이 발생할 때 생기는 진동인데, 물질에 따라 움직이는 방향이나 속도가 달라지거든요. 즉, 고체를 지나다가 액체를 지나가게 되면 방향이 꺾이고 속도가 느려지는 것이지요! 이런 성질을 이용해 과학자들은 내핵과 외핵이 각각 고체, 액체라고 추측하고 있어요.

지진을 일으키는 움직임을 알아내기 위해서는 지구 속이 어떻게 생겼는지 먼저 알아야 해요. 지구는 3개의 층으로 이루어져 있답니다. 가장 바깥쪽 껍데기를 지각, 가운데를 맨틀, 가장 안쪽을 핵이라고 부르지요.

지진을 일으키는 지구 내부의 움직임은 맨틀 아랫부분에서 일어난답니다. 맨틀은 딱딱한 고체 상태이지만 외핵과 맞닿은 아랫부분은 마치 액체처럼 천천히 움직이거든요. 물론 지구 내부의 움직임은 아주아주 느리기 때문에 우리는 평소에 전혀 느낄 수 없지요.

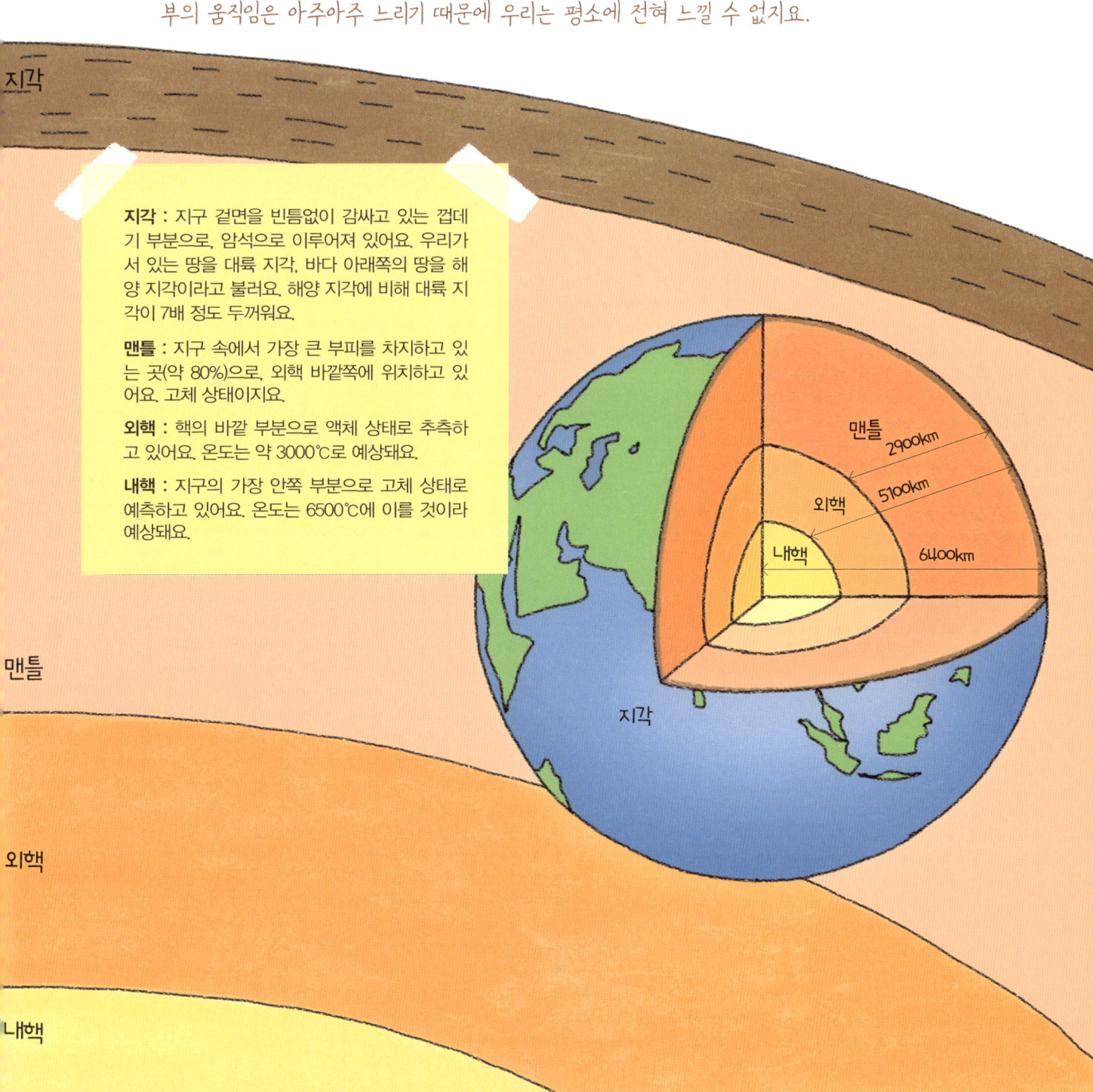

지각 : 지구 겉면을 빈틈없이 감싸고 있는 껍데기 부분으로, 암석으로 이루어져 있어요. 우리가 서 있는 땅을 대륙 지각, 바다 아래쪽의 땅을 해양 지각이라고 불러요. 해양 지각에 비해 대륙 지각이 7배 정도 두꺼워요.

맨틀 : 지구 속에서 가장 큰 부피를 차지하고 있는 곳(약 80%)으로, 외핵 바깥쪽에 위치하고 있어요. 고체 상태이지요.

외핵 : 핵의 바깥 부분으로 액체 상태로 추측하고 있어요. 온도는 약 3000℃로 예상돼요.

내핵 : 지구의 가장 안쪽 부분으로 고체 상태로 예측하고 있어요. 온도는 6500℃에 이를 것이라 예상돼요.

맨틀이 움직이는 이유는 핵이 너무 뜨겁기 때문이에요. 맨틀은 고체이지만, 맨틀보다 훨씬 뜨거운 핵과 가까운 아랫부분은 마치 녹아 있는 액체와 같은 물렁물렁한 고체이지요. 인절미를 뜨겁게 데워 본 적 있나요? 흐물흐물 움직이며 모양이 뭉그러지잖아요. 맨틀 아랫부분도 그것과 비슷한 상태입니다. 그래서 아주 느리게 대류를 하게 되지요.

하지만 맨틀의 윗부분은 핵과 멀어서 덜 뜨겁기 때문에 딱딱한 고체 상태를 유지합니다. 그래서 지각과 딱 붙어서 움직입니다. 맨틀이라고 불리지만 사실 지각과 더 친한 셈이지요. 이런 성질의 맨틀이 대류를 하면서 지각을 움직이는 것이지요.

빙글빙글 도는 열, 대류

물이 끓어 기체 방울이 올라오면 보리알도 같이 위쪽으로 올라왔다가 다시 내려가는 움직임을 반복해요. 공기나 물 같은 기체나 액체는 어느 한쪽이 데워지면 따뜻해진 쪽의 공기나 물이 위쪽으로 올라가고, 상대적으로 차가워진 쪽의 공기나 물은 아래로 내려와요. 아래로 내려온 공기나 물은 다시 열에 의해 데워져 또 올라가게 되지요. 이렇게 물은 어느 한쪽을 데우면 빙글빙글 돌면서 골고루 데워지는데, 이렇게 열이 전달되는 방법을 대류라고 한답니다.

대류가 뭐냐고요? 일단, 투명한 냄비에 물과 보리알을 넣고 기체 방울이 올라올 때까지 끓여 볼게요. 자, 보리알의 움직임이 보이나요?

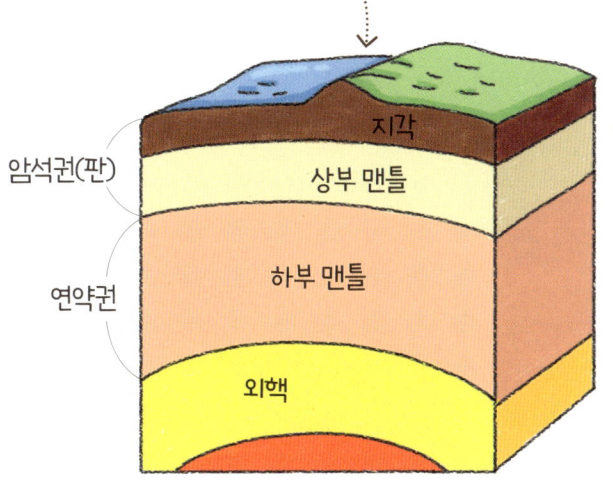

지각 : 맨틀의 움직임에 따라 이리저리 움직여요.

상부 맨틀 : 단단한 고체 상태로 지각과 붙어 있어 함께 움직여요.

판 : 지각과 지각에 맞붙은 상부 맨틀을 합쳐서 부르는 이름이에요. 암석권이라고도 해요.

연약권 : 물렁물렁한 고무와 같이 움직일 수 있는 고체 상태로 아주 천천히 대류해요.

 하나 더 알아둘 게 있습니다. 지구의 껍데기인 지각은 아귀가 딱 맞는 여러 개의 '판'이라는 조각으로 나뉘어 있습니다. 퍼즐과 똑 닮았지요. 그래서 맨틀이 움직이면 이 판들이 제각각 움직이게 되고, 판의 경계에서는 판의 움직임에 따라 어떨 때는 서로 가까워져 부딪치고, 어떨 때는 서로 멀어지죠. 어긋나기도 하고요. 이를 '판 구조론'이라고 부릅니다. 지진은 이러한 판들이 서로 움직이는 과정에서 발생하는 거랍니다.

> 완벽해요! 과학전문기자답군요~
> 자, 판들이 각각 어떻게 움직이는지 볼까요?

❶ 충돌경계
대륙판
❷ 수렴경계
해양판
맨틀

❶ 충돌경계(수렴경계)

대륙판과 대륙판이 만나는 경계를 말해요.
대륙판과 대륙판이 가까워져 서로 만나면 두 판이 부딪쳐 솟아오르면서 지진이 일어나요.

❷ 수렴경계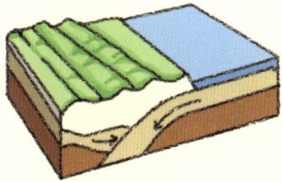

대륙판과 해양판이 만나는 경계를 말해요.
대륙판과 해양판이 가까워져 서로 만나면 해양판이 대륙판 아래로 들어가면서 지진이 일어나요.

❸ 발산경계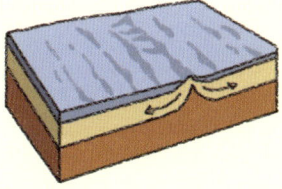

판과 판이 멀어지는 경계를 말해요.
두 판이 서로 멀어지는 과정에서 지진이 일어나요.

❹ 보존경계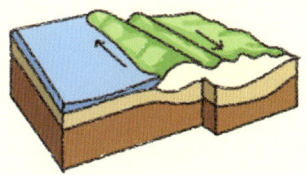

판과 판이 어긋나는 경계를 말해요.
두 판이 서로 스치면서 지진이 일어나요.

지각은 상부 맨틀과 붙어서 함께 움직인다고 하셨잖아요. 대륙의 지각으로 되어 있으면 대륙판, 해양의 지각으로 되어 있으면 해양판이라고 부르면 되겠네요.

❸ 발산경계

❹ 보존경계

맨틀

싸기자의 과학노트

대륙이동설, 땅덩이가 움직인다고?

지구 표면이 여러 개의 판으로 이루어져 있고, 이 판들이 움직여 지구의 모습이 바뀌는 현상을 설명한 것을 '판 구조론'이라고 합니다. 독일의 기상학자 베게너가 처음 생각해 냈다고 해요. 그런데 베게너는 어떻게 거대한 땅덩이들이 움직인다고 생각하게 되었을까요?

1911년 베게너는 도서관에서 아주 흥미로운 기사를 발견했어요. 아메리카 대륙과 아프리카 대륙에서 발견된 화석이 서로 비슷하다는 내용이었어요.

베게너는 지도에서 두 대륙을 오려 맞춰 보았어요. 그러자 해안선이 일치했어요. 베게너는 이것으로 두 대륙이 붙어 있었다는 확신을 갖고 증거를 찾기 시작했어요. 그 후 1년 동안 추가 증거들을 발견한 베게너는 1912년 독일의 한 학회에서 대륙이동설을 발표했지요.

해안선 모양의 일치
서로 떨어져 있는 남아메리카의 동해안과 아프리카의 서해안의 해안선이 비슷하다.

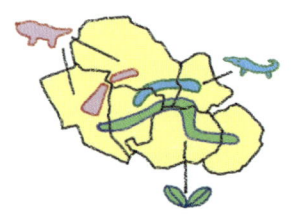

고생물 화석의 분포
각기 떨어져 있는 여러 대륙에서 같은 종의 동물과 식물 화석이 발견된다.

빙하의 흔적
따뜻하고 빙하가 없는 지역에서도 빙하의 흔적을 발견할 수 있다.

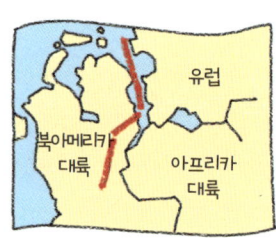

지질 구조의 연속성
서로 멀리 떨어진 두 대륙의 산맥과 퇴적층이 연속적으로 이어진다.

— 판의 경계

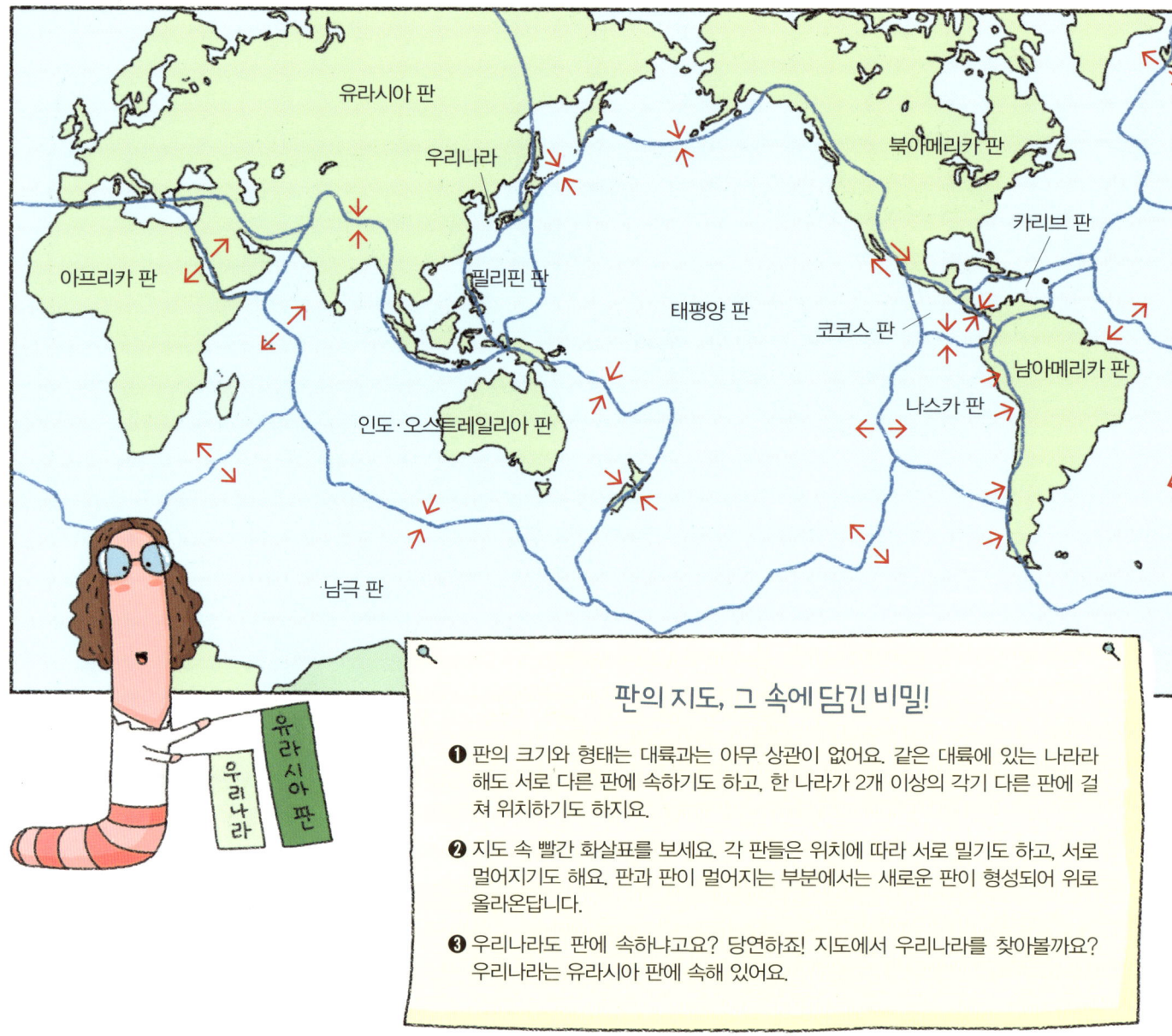

판의 지도, 그 속에 담긴 비밀!

❶ 판의 크기와 형태는 대륙과는 아무 상관이 없어요. 같은 대륙에 있는 나라라 해도 서로 다른 판에 속하기도 하고, 한 나라가 2개 이상의 각기 다른 판에 걸쳐 위치하기도 하지요.

❷ 지도 속 빨간 화살표를 보세요. 각 판들은 위치에 따라 서로 밀기도 하고, 서로 멀어지기도 해요. 판과 판이 멀어지는 부분에서는 새로운 판이 형성되어 위로 올라온답니다.

❸ 우리나라도 판에 속하냐고요? 당연하죠! 지도에서 우리나라를 찾아볼까요? 우리나라는 유라시아 판에 속해 있어요.

바로 위의 지도는 지구를 이루고 있는 판의 모습을 보여 줍니다. 지각은 7개의 큰 판과 15개가 넘는 작은 판으로 이루어져 있습니다.

다른 지도를 하나 더 보여 드리죠. 오른쪽 지도는 지진과 화산이 많이 일어나는 지역을 표시한 것입니다. 판의 지도와 비교해 보면 화산과 지진이 판의 경계를 따라 아주 많이 일어난다는 것을 확인할 수 있습니다.

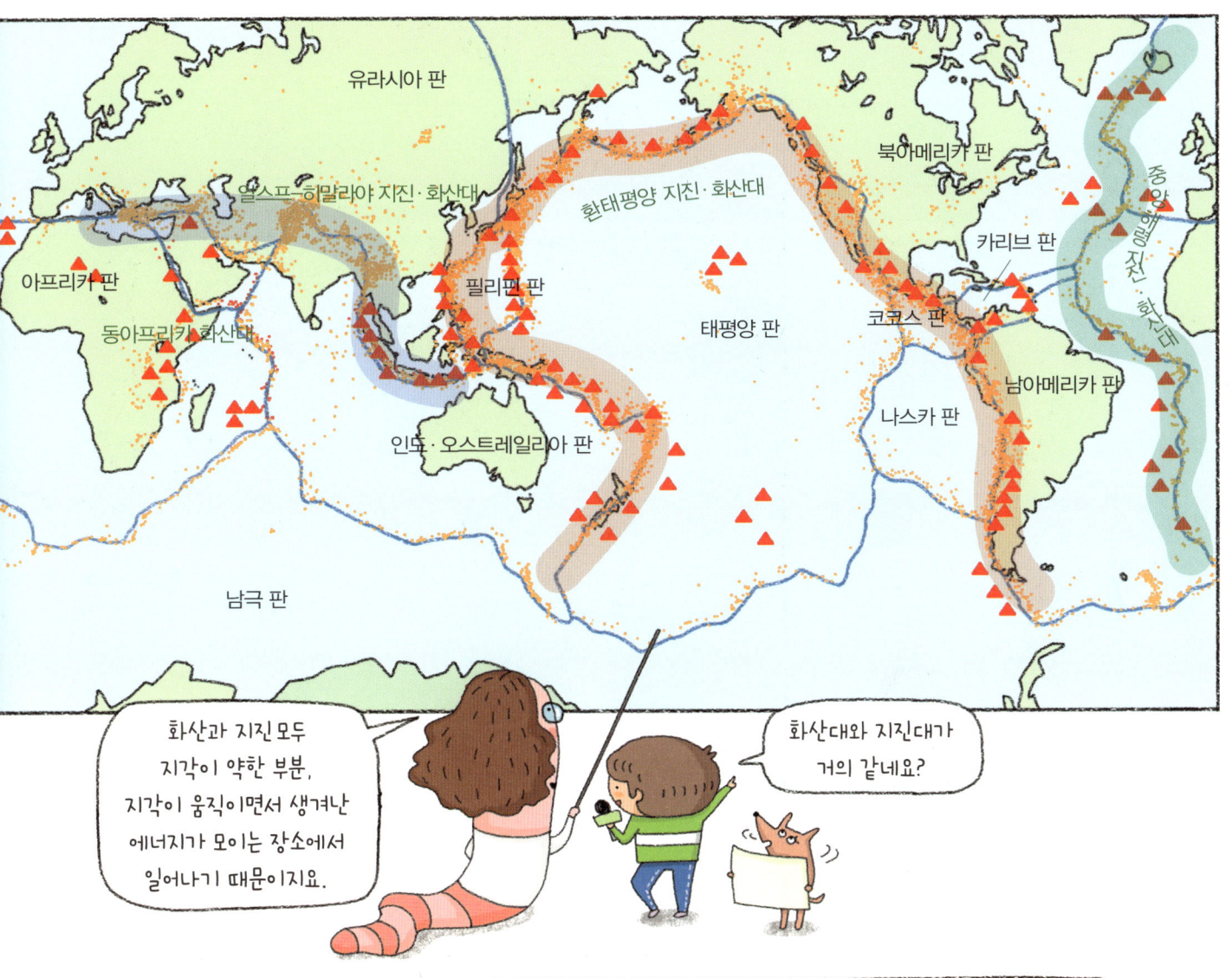

지진·화산대를 찾아라!

❶ 불의 고리는 어디일까요?

지진과 화산이 자주 일어나는 지역 중 태평양을 고리 모양으로 둘러싸고 있는 환태평양 지진·화산대를 부르는 말이에요. 전 세계 화산과 지진의 80%가 여기서 일어난답니다.

❷ 알프스-히말라야 지진대를 찾아보세요!

알프스-히말라야 산맥을 지나 인도네시아를 통과하는 지역으로 전 세계 지진의 15%가 이곳에서 일어나요.

❸ 중앙 해령 지진대는 어디일까요?

대서양과 인도양, 태평양의 중앙을 연결하는 지역으로 유라시아 판과 북아메리카 판이 계속 벌어지면서 지진이 일어나요.

❹ 동아프리카 화산대를 찾아보세요!

아프리카 동부의 대지구에서 홍해를 거쳐 아라비아 반도에 이르지요.

일본

세계에서 지진이 가장 많이 일어나는 나라로 유라시아 판, 필리핀 판, 태평양 판, 북아메리카 판, 무려 총 4개의 판이 만나는 곳에 있어요.

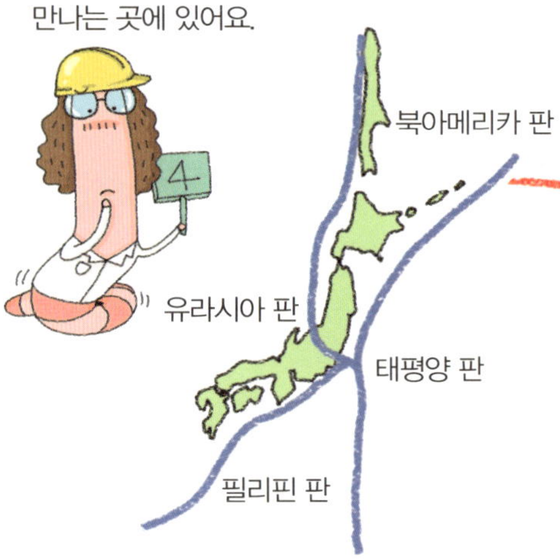

인도네시아

일본만큼 지진이 자주 일어나는 곳으로, 무려 400개에 달하는 화산이 있어요. 그 중 활화산도 127개나 돼요. 화산이 폭발하면 대부분 지진도 나기 때문에 화산과 지진이 끊이지 않는답니다.

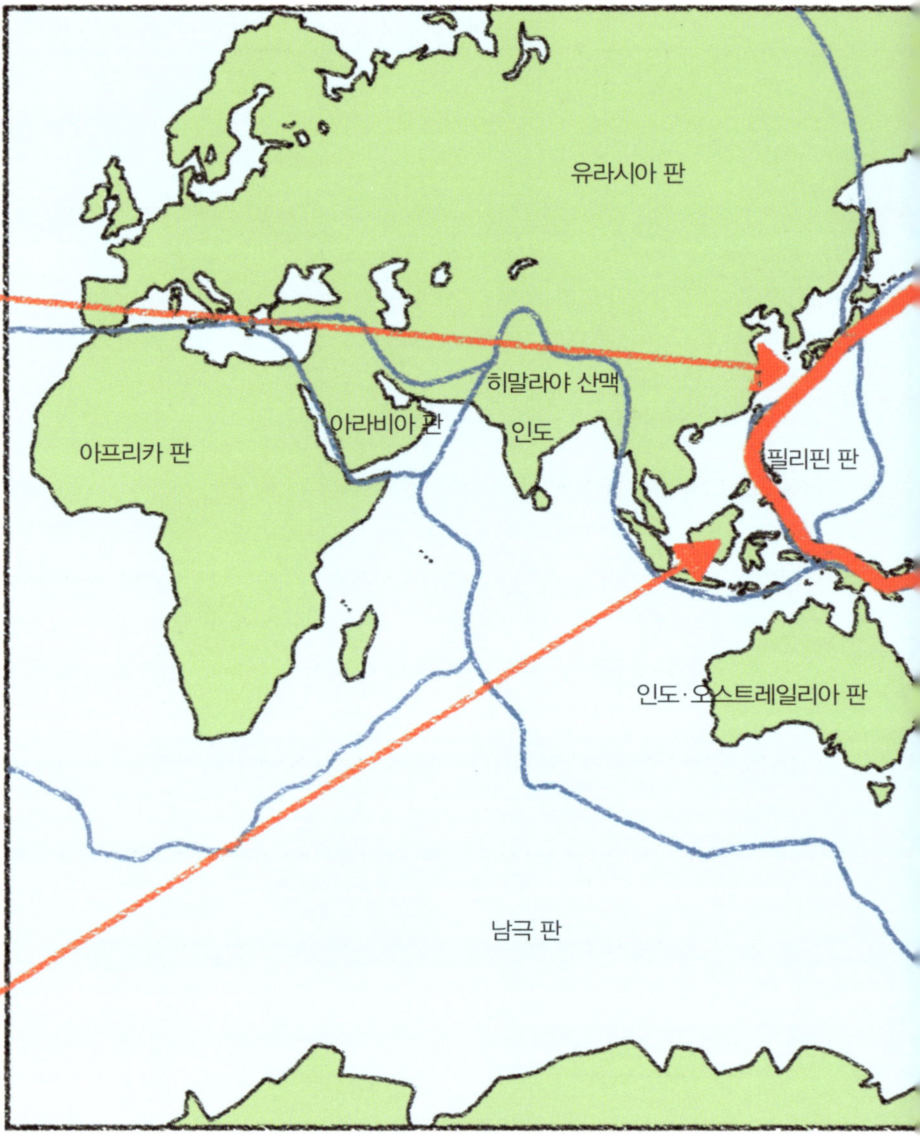

 실제로 지진이 자주 일어나는 지역을 자세히 살펴볼까요? 일본은 지진이 많이 일어나기로 유명하지요. 이 판의 지도를 보면 그 이유를 아주 명확하게 알 수 있습니다.

일본은 무려 4개의 판이 만나는 곳에 있습니다. 판을 2개만 만나도 지진의 위험을 피해 갈 수 없는데, 4개나 만나는 지역이니 지진이 자주 일어나는 건 당연한 일이지요.

일본 외에도 지진이 잦은 나라들은 대부분 판의 경계에 위치하고 있습니다. 이는 판의 움직임이 지진을 일으킨다는 것을 증명하는 것이지요.

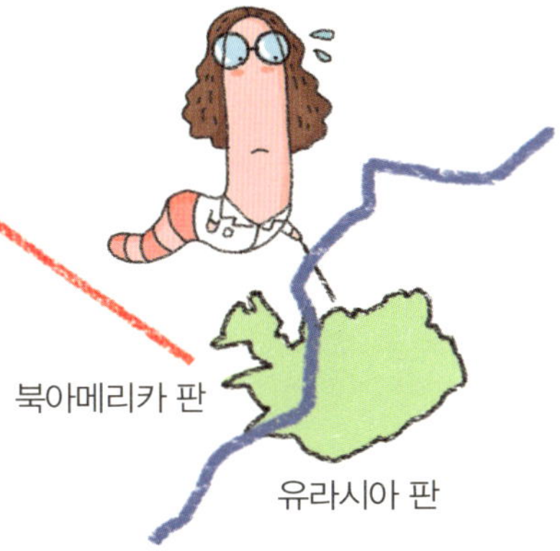

아이슬란드

화산 폭발과 지진이 자주 일어나는 나라 중 하나예요. 북아메리카 판과 유라시아 판의 경계에 있는데, 이 두 판은 서로 밀어내고 있어요. 게다가 중앙 해령에 위치하고 있어 아이슬란드는 매년 조금씩 벌어지고 있어요.

칠레

강진이 많이 일어나는 나라예요. 불의 고리에 속하는 대표적인 나라로 해양판인 나스카 판과 남아메리카 판의 경계에 있어요.

히말라야 산맥이 높이 솟은 이유는?

우주에서도 보일 만큼 높디높은 히말라야 산맥은 사실 판이 만들어 낸 거대한 작품이에요. 인도 판과 유라시아 판의 경계에 있는 히말라야 산맥은 두 판이 부딪치면서 그 끝이 솟아올라 만들어졌으니까요.

약 7000만 년 전 인도 판은 북쪽을 향해 시속 16km로 이동하다가 유라시아 판과 충돌해 높이 솟아오르게 되었지요. 히말라야 산맥에서는 얕은 바다에 사는 조개의 화석이 자주 발견되는데, 이를 통해서 과거에는 히말라야 산맥이 얕은 바다였다는 것을 알 수 있답니다. 인도 판과 유라시아 판 사이에 있던 바다(테티스 해)는 이 두 판의 충돌로 사라져 버렸지요.

"지진의 원인이 판의 이동이라고 하셨는데, 우리나라에서는 왜 지진이 일어나는 거지요? 우리나라는 판의 경계에 있지 않잖아요."

지진이 판의 움직임에 의해서만 일어나는 건 아니에요. 화산이 폭발할 때도, 활성단층이 움직일 때도 일어나지요. 우리나라 지진의 원인은 활성단층이라고 할 수 있어요.

우리나라가 속한 유라시아 판은 인도 판이 북쪽으로 미는 힘과 태평양 판이 미는 힘을 계속 받는데, 이 힘이 계속 전달되어 우리나라의 단층에까지 전해져요. 그래서 어느 순간 단층이 파괴되거나 어긋나면서 지진이 일어나는 거예요. 오른쪽 우리나라의 지도를 보며 활성단층에 대해 알아봅시다.

지구 속 마그마가 지각이 약한 틈을 뚫고 나오는 게 화산이에요. 마그마가 터져 나올 때 땅이 움직이므로 화산이 폭발할 때는 지진도 반드시 같이 일어난답니다.

또 지하에 있는 동굴이 천장이 약해지면서 갑자기 무너져 내릴 때도 지진이 일어나요.

그밖에도 건축물을 해체하거나 터널을 만들기 위해 폭파 작업을 할 때 지진이 일어나기도 해요.

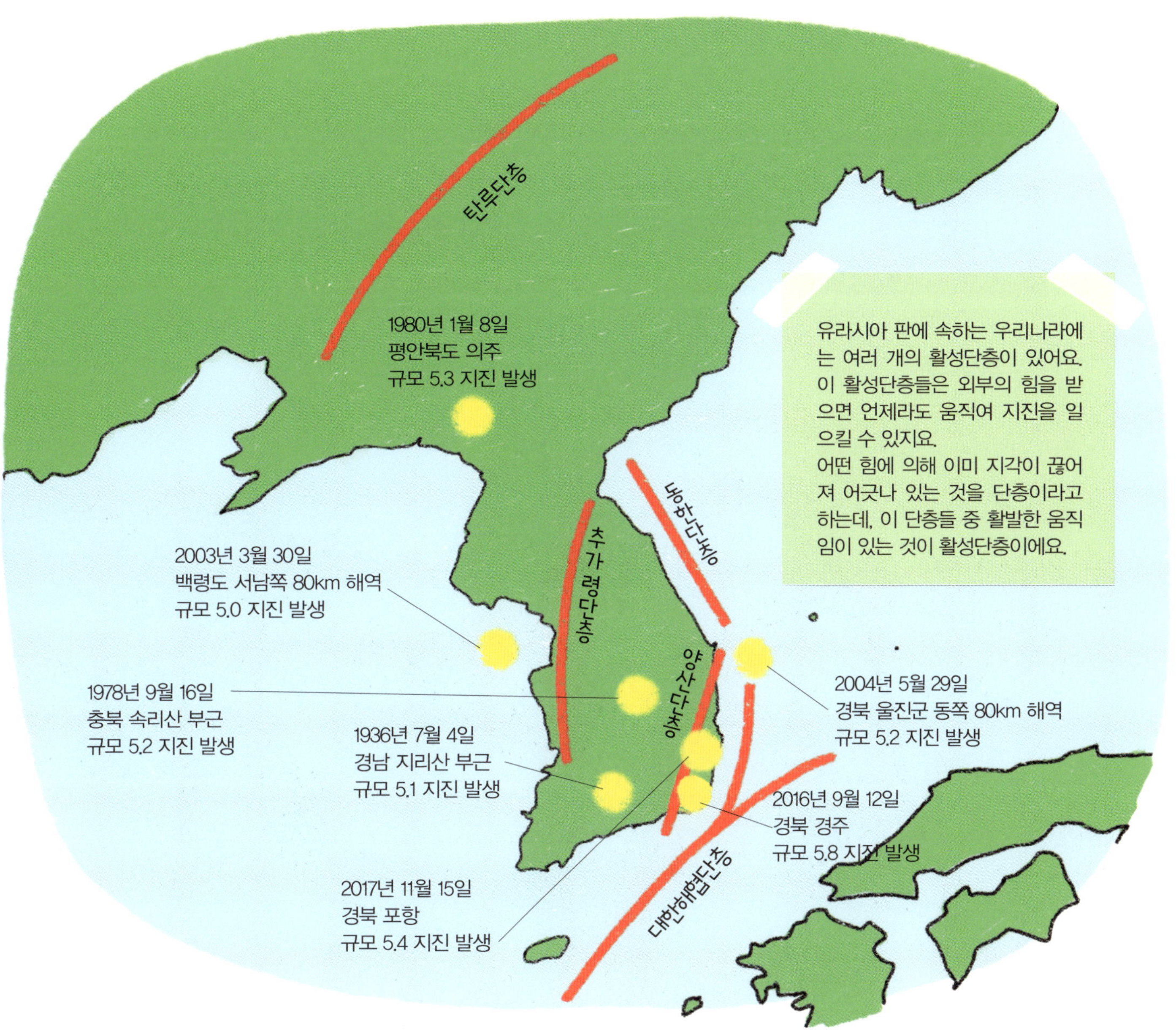

유라시아 판에 속하는 우리나라에는 여러 개의 활성단층이 있어요. 이 활성단층들은 외부의 힘을 받으면 언제라도 움직여 지진을 일으킬 수 있지요.
어떤 힘에 의해 이미 지각이 끊어져 어긋나 있는 것을 단층이라고 하는데, 이 단층들 중 활발한 움직임이 있는 것이 활성단층이에요.

탄루단층

1980년 1월 8일
평안북도 의주
규모 5.3 지진 발생

2003년 3월 30일
백령도 서남쪽 80km 해역
규모 5.0 지진 발생

1978년 9월 16일
충북 속리산 부근
규모 5.2 지진 발생

추가령단층

낭한강단층

양산단층

2004년 5월 29일
경북 울진군 동쪽 80km 해역
규모 5.2 지진 발생

1936년 7월 4일
경남 지리산 부근
규모 5.1 지진 발생

2016년 9월 12일
경북 경주
규모 5.8 지진 발생

2017년 11월 15일
경북 포항
규모 5.4 지진 발생

대한해협단층

2016년 경주에서 발생한 지진은 어긋난 2개의 단층이 평행하게 반대 방향으로 이동하면서 일어난 거예요.

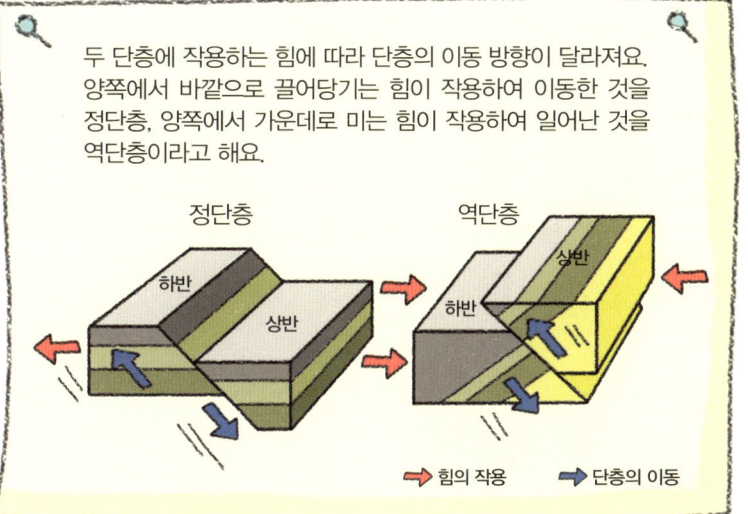

두 단층에 작용하는 힘에 따라 단층의 이동 방향이 달라져요. 양쪽에서 바깥으로 끌어당기는 힘이 작용하여 이동한 것을 정단층, 양쪽에서 가운데로 미는 힘이 작용하여 일어난 것을 역단층이라고 해요.

정단층 / 역단층
상반 / 하반

⇒ 힘의 작용   ⇒ 단층의 이동

지진은 약하게 일어나기도 하고, 강하게 일어나기도 해요. 지진으로 땅이 흔들리는 정도를 말할 때는 세계적으로 널리 사용되는 '수정 메르칼리 진도'를 쓰는데, 1에서 12까지 총 12등급으로 나뉘어요. 사람이 감지하는 느낌이나 건물의 피해 정도를 기준으로 만든 것이에요. 진도 1~3 정도는 너무 약해서 아예 지진이 일어난 줄도 모르는 사람이 대부분이에요. 진도 9가 넘어가면 거의 모든 것이 다 부서진다고 해도 지나치지 않죠.

지진 현장을 취재 중입니다! 지역마다 피해 크기가 다르군요?

진도 1 지진계에는 기록되지만 대부분의 사람은 느끼지 못해요. 개나 쥐, 뱀 등 민감한 몇몇 동물만 알아차려요.

진도 2 건물 위층 몇 사람만 느끼는 정도예요. 매달린 물체가 약간 흔들려요.

진도 3 전등이 흔들리고 창문이 떨리는 정도로, 대부분의 사람들은 지진인 줄 깨닫지 못해요.

진도 4 많은 사람이 느끼는 수준이에요. 땅이 흔들려 그릇이나 창문 등이 함께 흔들려요.

진도는 상대적인 기준이라서 과학적이고 분명한 표준으로 삼기 어려워요. 건물이 없거나 사람이 살지 않는 곳은 진동이 아무리 커도 피해는 크지 않아 단계를 낮게 매기거든요. 또한 진원지, 진앙지에 가까울수록 단계가 높지요. 그래서 최근에는 지진 자체가 가지고 있는 에너지를 측정해서 표시하는 '규모'를 더 많이 써요. 모두 9단계가 있는데, 규모가 1.0씩 올라갈 때마다 지진 에너지가 약 32배 오른다는 뜻이지요.

바다 깊은 곳에서 파도는 시속 870km 정도로 빠르게 이동해요.

육지에 가까워지면서 속도는 시속 120km 정도로 줄지만 거대한 파도가 높이 치솟아 해안을 순식간에 덮쳐요.

지진 파동이 바닷물을 위로 밀어올리면서 파도가 일어요.

지진이 일어나면 쓰나미가 온다?

일본, 인도네시아와 같이 바다와 접해 있는 곳에서는 지진과 함께 쓰나미(지진해일)가 자주 발생해요. 쓰나미란 지진으로 인해 만들어진 거대한 파도가 육지를 덮치는 현상을 말해요. 바다 아래 지각의 30~50km 정도 깊이에서 진도 7이상의 지진이 발생할 때 일어나는 경우가 많은데, 처음 발생하는 곳에서는 파도가 약간 높아지는 정도이지만 육지 쪽으로 다가올수록 점점 더 커져 파도의 높이가 대부분 15m이상 되지요. 따라서 지진해일 경보가 발령되었을 때는 가능한 한 높은 곳으로 대피해야 안전하답니다.

규모 1~1.9
대부분의 사람은 느끼지 못하고, 지진계만 탐지해요.

규모 2~2.9
창문이나 전등 같이 매달린 물건이 약간 흔들리고, 대부분의 사람이 못 느껴요.

규모 3~3.9
대형 트럭이 지나갈 때의 진동과 비슷해요. 일부 사람은 놀라 건물 밖으로 나와요.

규모 4~4.9
집이 크게 흔들리고 창문이 깨져요. 작고 불안정하게 놓인 물건들이 떨어져요.

규모 5~5.9
서 있기 힘들어지고, 가구들이 움직여요.

규모 6~6.9
튼튼한 건물도 피해가 생겨요. 빈약한 건물은 피해가 커요.

규모 7~7.9
땅이 갈라져 터지고, 돌담, 축대 등이 무너져요.

규모 8~8.9
다리 등 대형 구조물이 파괴되고 산사태가 나요.

리히터 규모란?

규모는 지진의 크기를 나타내는 절대적인 기준으로, 1935년 미국 과학자 찰스 리히터가 처음 생각해 냈다고 해서 '리히터 규모'라고도 불러요. 규모는 정확히 계산하여 나타낸 값이기 때문에 소수 첫째 자리까지 아라비아 숫자로 표시해요.

규모 9 이상
건물 대부분이 파괴돼요. 철로가 휘고 지면에 단층 현상이 생겨요.

지진의 세기가 다른 이유는 무엇일까요? 바로 지진파 때문입니다. 지진파는 크게 2가지예요. 하나는 P파입니다. 이동 속도가 빨라서 먼저 도착하는 지진파로, 앞뒤로 흔들리는 진동을 가지고 있습니다. 다른 하나는 S파입니다. P파보다 조금 느리게 오고 위아래로 흔들리는 진동을 가지지요. P파보다는 S파가 도착했을 때 피해가 더 커지는데, 진동의 방향 때문에 그렇습니다. 상자에 모래를 넣고 흔들면, 앞뒤로 흔드는 것보다 위아래로 흔들 때 모래가 더 많이 튀는 것과 같은 원리이지요.

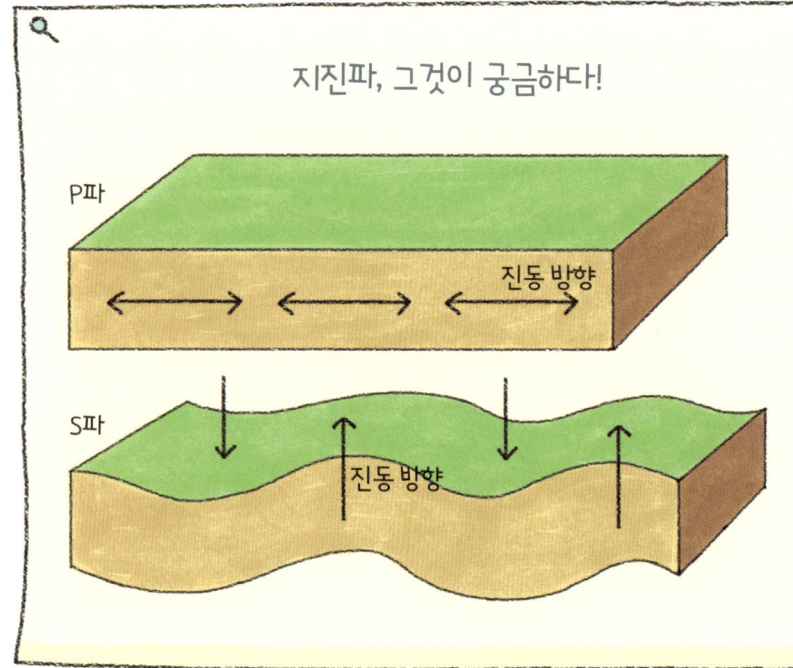

지진파, 그것이 궁금하다!

❶ 지진파란?

지진이 일어나면 땅이 흔들리면서 진동이 발생하는데, 마치 물결처럼 퍼지며 주변으로 지진 에너지를 전달하는 진동을 지진파라고 해요.

❷ 지진파의 이름

P파의 P는 Primary(첫 번째)의 첫 번째 글자를 딴 것으로, S파보다 먼저 오기 때문에 붙여진 이름이이에요. S파의 S는 Secondary(두 번째)의 첫 번째 글자를 딴 것이지요.

❸ 지진파의 속도

P파는 1초에 6~8km, S파는 1초에 3~4km를 이동해요. 이는 총알보다 빠른 속도이지요. S파 다음으로 오는 L파는 지표면을 따라 퍼지는 지진파로, 멀리 퍼지지 못하고 속도도 가장 느려요. 하지만 흔들리는 진폭이 가장 커서 상하좌우로 땅이 흔들리며 큰 피해를 주지요.

위험한 지진파! 쓸모 있다고?

지진파는 땅을 흔들어 엄청난 피해를 주지만 또 한편으로는 지진에 대한 정보를 담고 있기 때문에 지진 연구에 많은 도움이 돼요.

우선 지진파는 지진을 알려주는 신호가 되지요. 지진을 예측하기 위해 만든 지진계는 지진파를 기록하여 지진 여부를 판단해요. 그리고 지진파는 지진이 처음 발생한 진원지를 알려주기도 해요. P파와 S파가 도착하는 시간 차이를 측정한 후 두 지진파의 속도를 고려해 계산해 보면 어느 곳에서 지진이 발생했는지 계산해 낼 수 있지요.

하나 더, 지진파는 지구 내부의 구조를 알아내는 데 결정적인 역할을 했어요. P파는 고체, 액체, 기체를 모두 통과할 수 있지만 S파는 고체만을 통과할 수 있어요. 이것을 이용해 과학자들은 외핵이 액체라고 추측하고 있답니다.

수직 지진계
펜이 달린 추
회전 원통
↕ 아래위 방향의 진동을 감지해요.

수평 지진계
펜이 달린 추
회전 원통
↔ 앞뒤 방향의 진동을 감지해요.

지진이 일어나 땅이 흔들리면 땅에 고정된 지진계도 같이 흔들려요. 하지만 공중에 매달린, 펜이 달린 추는 움직이지 않고 땅과 연결된 종이만 움직여서 지진파가 종이에 기록돼요. 지진계는 한 방향만 기록할 수 있어 동서, 남북, 상하 방향으로 3개를 설치해 각각 측정하며 기록된 진폭으로 지진의 세기를 측정해요.

지진이 나기 전에 미리미리 알 수는 없는 건가요? 미리 알 수 있다면 피해를 줄일 수 있을 텐데요.

안타깝지만 현재로서는 그렇습니다. 지진예보센터의 두더지 박사님을 만나 지진 예보에 관한 이야기를 들어 보도록 하지요.

지진이 발생하면 기상청 지진센터에서 국민들에게 지진 경보를 보내요. 지진이 일어난 지역과 규모 등을 긴급재난 문자로 전송하지요. 지진 경보는 곳곳에 설치된 지진계로 P파를 감지한 후 더 큰 피해를 주는 S파가 오기 전에 빠르게 대피할 수 있도록 지진 발생 여부를 알려주는 방법이지요.

빠른 속도로 이동하는 P파를 지진계가 감지하면 ~

기상청으로 지진 자료가 전송돼요.

큰 진동으로 이동하는 S파가 오기 전에 ~

지진 대비를 위해서 지진 발생을 알려요!

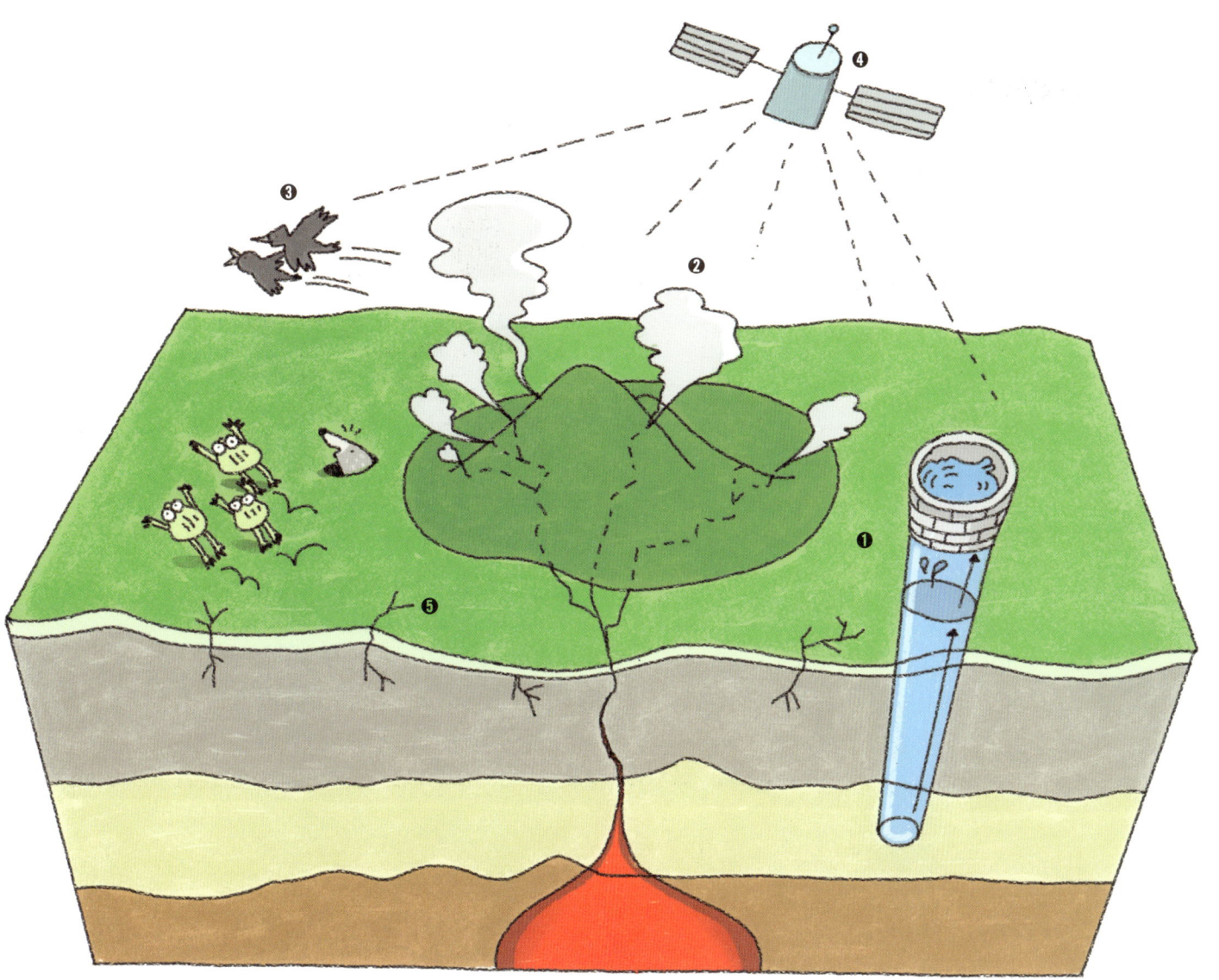

지진을 예측하는 여러 가지 방법들

비나 눈이 오기 전에는 하늘이 잔뜩 흐리지요. 우리는 그런 흐린 하늘을 보고는 우산을 챙겨서 외출합니다. 이처럼 지진 역시 일어나기 전에 미리 알아챌 수 있는 현상들이 있다고 해요. 이를 관찰해서 지진이 올 것을 미리 예측하는 방법도 연구되고 있지요. 위성을 이용해 땅이나 지각의 움직임을 관찰하여 곧 일어날 지진을 예보하려는 거예요. 지진이 일어나기 전 어떤 현상들이 나타나는지 알아볼까요?

❶ 우물물의 수위가 높아지고 물의 색깔이 변하기도 해요.

❷ 암석과 토양 속에 있는 라듐이 깨지면서 만들어진 라돈 가스가 암석의 벌어진 틈 사이로 새어 나와 땅 위로 올라와요. 따라서 공기 중의 라돈 농도를 측정해 지진을 예측할 수 있지요.

❸ 두꺼비가 떼로 이동한다든가 까마귀들이 요란하게 울며 둥지를 떠나는 등 동물들이 이상 행동을 해요.

❹ 아주 작은 지형 변화가 일어나요. 따라서 GPS(Global Positioning System : 위성 항법 장치)를 통해 이를 지속적으로 감시해요.

❺ 전진이라 부르는 미세한 지진이 발생하는데, 이것을 이용해 뒤따라오는 지진을 예측할 수 있어요. 이 방법은 규모 7.0 이상의 지진을 90% 정도 예측하는 것으로 알려져 있어요.

지금으로서는 대비하는 것이 최선이지요.
일본은 지진 피해가 큰 만큼 철저히 대비하고 있는데
대표적인 게 지진에 잘 무너지지 않도록 건물을 짓는 것입니다.
튼튼히 짓는 방법부터 지진의 진동이 잘 전해지지 않게 하거나
아예 진동을 줄이는 방법까지 개발되어 있지요.
이런 건물을 지으면 잘 무너지지 않으니
건물 안의 사람들이 훨씬 더 안전하답니다.

지진을 이겨 낼 수 있는 건물의 설계 방법

❶ **제진 설계** : 그네를 반대로 밀면 멈추는 것과 같이 지진의 진동과 반대 방향으로 건물을 움직이거나 아예 진동을 흡수하는 특수 장치를 넣고 건물을 지어 흔들림을 막는 방법이에요.
건물 옥상에 진동 흡수기나 추를 달아 지진이 났을 때 이 장치들을 이용해 지진의 압력과 진동을 줄이는 것이지요.

❷ **내진 설계** : 지진이 나도 건물이 쉽게 무너지지 않도록 튼튼하게 짓는 것을 말해요. 사람들이 대피할 때까지 건물이 무너지지 않게 하려는 거예요.
그림과 같이 건물을 지을 때 벽에 철근을 넣어 진동에 쉽게 부서지지 않는 튼튼한 벽을 만들어요. 고층 건물은 너무 무거워져 내진 설계로 짓기 어려워요.

❸ **면진 설계** : 지진의 진동이 건물에 잘 전달되지 않도록 짓는 거예요. 건물과 땅 사이에 스프링이나 고무와 같이 진동을 흡수할 수 있는 물질을 넣어서 지으면 땅이 많이 흔들려도 건물 자체는 덜 흔들려 피해를 줄일 수 있답니다. 고층 건물, 다리, 철도, 댐 등에 사용해요.
한옥의 주춧돌도 면진 설계라고 할 수 있어요. 기둥이 주춧돌에 박혀 있지 않고 그냥 올려져 있어, 땅이 흔들리면 주춧돌은 흔들려도 기둥은 흔들리지 않거든요.

> 지진은 언제든 일어날 수 있어요. 가정에서 미리 비상시에 필요한 물품들을 챙겨 두면 좋아요!

비상시 필요한 물품들

긴급하게 쓸 수 있는 현금과 신분증, 예금통장 등

손전등이나 라디오에 갈아 끼울 건전지

손전등

통조림, 즉석밥, 라면 등 비상식량

수시로 상황을 파악할 수 있는 소형 라디오

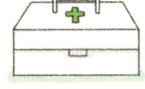
소화제, 진통제, 소독약, 밴드 등 부상이나 질병에 대비한 비상 약품함

비상 물품들을 넣을 배낭

방재 마스크

화장지와 물티슈

면장갑

헬멧과 비옷

접이식 칼

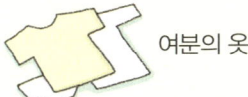
여분의 옷

라이터

양초

라이터는 가스 누출 위험이 없는 것을 확인하고 사용해요.

작은 병의 식수 여러 개

담요

우리 집 지진 대비, 부모님과 함께해요!

- 평소에 가스관이나 수도관이 새지 않는지 점검해요.
- 비상식량, 약 등 비상시 사용할 물품을 미리 준비해요. 응급처치법도 익혀요.
- 무거운 물건은 가구 위쪽에 올려두지 않아요.
- 안전한 곳(탁자 아래 등)과 위험한 곳(책장, 유리창 앞 등)은 어디인지 미리 생각해요.
- 불이 날 수 있는 전열기나 가스 기구는 단단히 고정해요.
- 벽이나 담, 지붕 등에 금이 간 곳이 있으면 미리 수리해요.
- 가족들과 다시 만날 장소를 사전에 정하고, 다른 곳에 사는 친척들에게 알릴 방법을 의논해요.
- 가까운 지진 대피소를 알아두어요. 국민재난안전포털 홈페이지에서 지진 옥외대피소를 검색하면 쉽게 찾을 수 있어요.

미리 대비했더라도 실제 지진이 일어나면 누구나 당황하기 마련이에요. 지진 규모가 크건 작건 건물과 땅이 흔들리면 겁부터 나는 게 당연하지요. 하지만 이럴 때일수록 정신을 바짝 차려야 합니다. 가장 먼저 머리를 보호하고 건물이 무너져도 내 몸을 보호할 수 있는 곳으로 대피해야 합니다. 그런 곳은 미리 생각해 두는 것 잊지 않았죠?

어떤 사람들은 건물이 무너지기 전에 빠져나가야 한다는 생각에 다짜고짜 밖으로 나가려고 하는데, 거리는 무너지는 건물에서 떨어지는 유리창 조각이나 벽돌 때문에 더욱 위험합니다. 출입문을 먼저 열어 두고 지진이 멈출 때까지 안전한 곳에서 기다리는 게 가장 중요합니다. 자, 그림을 보면서 각 상황에 맞는 대피 방법도 알아두세요!

싸 기자는 지렁이 박사님과 두더지 박사님 덕분에 지진에 대한 취재를 무사히 마쳤습니다. 지진이란 무엇인지, 왜 일어나는지, 어떻게 대비해야 하는지 등 지진에 대한 모든 것을 기사에 담았지요.

그런데 오랫동안 박사님들의 연구를 도운 어떤 친구가 싸 기자에게 할 말이 있다며 메일을 보내왔다고 해요.

함께 읽어 볼까요?

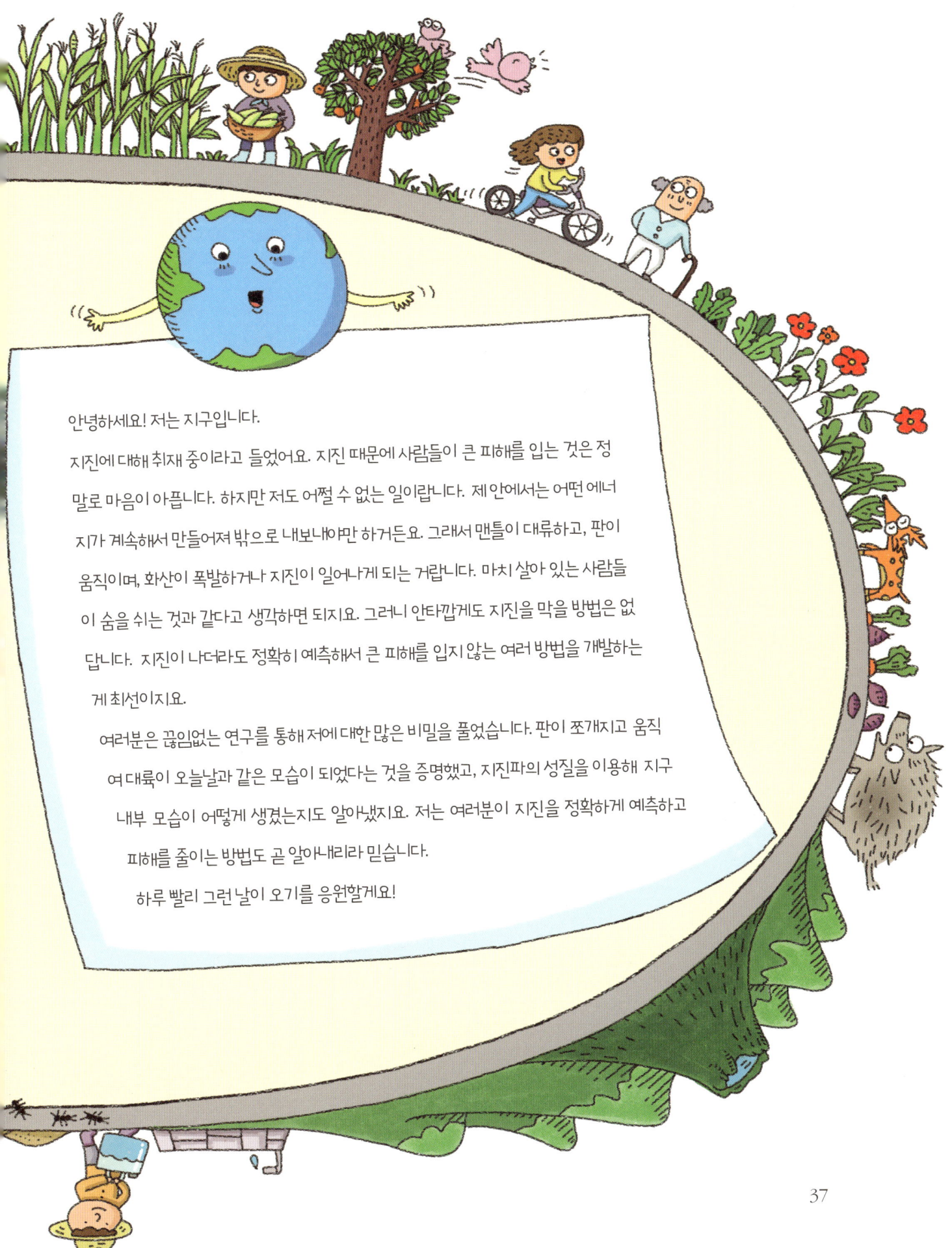

안녕하세요! 저는 지구입니다.

지진에 대해 취재 중이라고 들었어요. 지진 때문에 사람들이 큰 피해를 입는 것은 정말로 마음이 아픕니다. 하지만 저도 어쩔 수 없는 일이랍니다. 제 안에서는 어떤 에너지가 계속해서 만들어져 밖으로 내보내야만 하거든요. 그래서 맨틀이 대류하고, 판이 움직이며, 화산이 폭발하거나 지진이 일어나게 되는 거랍니다. 마치 살아 있는 사람들이 숨을 쉬는 것과 같다고 생각하면 되지요. 그러니 안타깝게도 지진을 막을 방법은 없답니다. 지진이 나더라도 정확히 예측해서 큰 피해를 입지 않는 여러 방법을 개발하는 게 최선이지요.

여러분은 끊임없는 연구를 통해 저에 대한 많은 비밀을 풀었습니다. 판이 쪼개지고 움직여 대륙이 오늘날과 같은 모습이 되었다는 것을 증명했고, 지진파의 성질을 이용해 지구 내부 모습이 어떻게 생겼는지도 알아냈지요. 저는 여러분이 지진을 정확하게 예측하고 피해를 줄이는 방법도 곧 알아내리라 믿습니다.

하루 빨리 그런 날이 오기를 응원할게요!